식당 칸은 없다

창비시선 524

식당 칸은 없다

초판 1쇄 발행/2025년 10월 24일

지은이/장철문
펴낸이/염종선
책임편집/이주원 박문수
조판/황숙화
펴낸곳/(주)창비
등록/1986년 8월 5일 제85호
주소/10881 경기도 파주시 회동길 184
전화/031-955-3333
팩시밀리/영업 031-955-3399 편집 031-955-3400
홈페이지/www.changbi.com
전자우편/lit@changbi.com

ⓒ 장철문 2025
ISBN 978-89-364-2523-4 03810

* 이 책 내용의 전부 또는 일부를 재사용하려면
  반드시 저작권자와 창비 양측의 동의를 받아야 합니다.
* 책값은 뒤표지에 표시되어 있습니다.

식당 칸은 없다

장철문 시집

창비

차례

제1부

010 악의에게

011 숲

012 식당 칸은 없다

014 소를 보다

016 숲은 고요하지 않다

018 공양

019 우안거

020 한파주의보

021 네 얼굴과 그것에 대하여

024 물풍수 이야기

026 발을 닦으며

028 성지순례

제2부

030 임종
031 능선 너머
034 그 오뉴월 한나절
037 꾸지뽕 쓰레빠
040 석다
042 우동과 자전거
044 방울벌레 울음소리를 물었다
046 늦은 임종
050 통증에 대하여
052 그 생에도 보리똥나무가 있을까?
054 왜 많은 가지와 잎을 가졌을까?
056 발자국

제3부

060 　말

061 　잠긴 돌

064 　호두나무 잎사귀가 있는 저녁

066 　낙화 동백

068 　봄 내

070 　거기 지금

072 　동백

074 　서어나무에게 간다

076 　곁에 없고

078 　불어라, 바람

080 　수련

082 　연두 생각

제4부

084 놀다

085 용의 자취를 기록함

088 용이 알을 품을 때

090 불확실성 시대,라는 말을 들었다

093 나의 어여쁜 루어

096 산도라지밭에서

098 작은 미술관을 나오며

100 모기 선생, 여기서 이러시면 안 됩니다

102 옥천사 가는 길

104 알

106 태풍도 때로는 어리숙하다

107 변비

108 해설 | 최현식

124 시인의 말

제 1 부

악의에게

네가 여기 있었구나
여기 피어 있었구나

떨고 있구나

괜찮아,
함께 있어줄게

마른 잎사귀 사이에 검은
뿌리를 두었구나

괜찮아,
부러뜨리지 않을게
돌아갈 때까지 함께 있을게

아주 작은 씨방을 가졌구나
겁먹은 내 심장을 닮았구나

숲

 둘레길 비탈에 서어나무 한그루가 검은 잎을 붙들고 새잎을 발행하지 못하고 있다. 비탈을 오르는 허벅지처럼 꿈틀거리던 둥치와 가지가 검게 젖고 있다. 숲은 아무 일 없는 듯 잦아드는 빗줄기 속에 오월의 새소리를 길어 올리고 있다. 새소리가 샘물처럼 사라지고 있다. 두 사람이 팔짱을 끼고 나뭇잎이 발행하는 빗소리에 귀를 두고 비탈을 오르고 있다. 둘 사이에서 일어나는 말소리가 빗소리 속에 사라지고 있다. 빗소리가 사라지고 있다.

식당 칸은 없다

맛은 일어나고 사라진다
어머니가 돌아가신 것처럼
맛은 사라진다
김밥이 차곡차곡 사라지는 것처럼
달다는 감각과
달다는 것을 아는 지각은 각기 일어나고 사라진다
지나간 사랑이 다시 오지 않는 것처럼
짜다는 것은 단무지 속에 있지 않다
혀 속에 있지 않다
기차의 첫째 칸과 둘째 칸과 셋째 칸이 서로 같지 않은 것처럼
첫째 맛과 둘째 맛과 셋째 맛이 각기 일어나고 사라져서 다시 오지 않는다
아버지가 다시 오지 않는 것처럼
맛은 없다
단무지와 혀 사이에서 일어나서 사라졌다
어디서 오지 않았다
어디로 가지 않았다
한번 일어나서 사라진 턱의 감각은

다시 오지 않는다
형의 작년 제사가 올해 다시 돌아오지 않는 것처럼
비 온 뒤의 섬진강과 비 올 때의 섬진강과 비 오기 전의 섬진강이 다른 것처럼
통로에서 내딛는 걸음은 사라지고
다시 태어난다
들었다 놓은 왼발 걸음이 다시 오지 않는 것처럼
들었다 놓은 오른발 걸음이 다시 오지 않는 것처럼
첫걸음과 다음 걸음과 그다음 걸음이
터널로 들어가는 기차처럼
사라진다
맛은 지나갔다
한번 일어난 맛은 다시 일어나지 않는다
다시 사라지지 않는다
여러 칸을 건너왔다
셋째 칸에서 일어나서 일곱째 칸의 지인을 만나러 왔다

KTX는 달리고, 식당 칸은 없다

소를 보다

또 가자, 얼룩빼기야
오늘은 격랑을 재우고 나아가는 거룻배 같구나
소야
남 같은 내 소야
풀을 뜯고 싶으면 뜯고
물을 먹고 싶으면 먹고
가고 싶으면 가라
네 등을 버리지 않으마
배알이 꼴리면
돌아서서 뿔을 치켜들어 들이받고
짓이 나면
숨을 씩씩 몰아쉬어라
냅다 뛰어라
이 몸뚱이 속으로 뛰어들어
가슴이든 어깨든 짓밟으며 날뛰어라
얼룩빼기야,
가자
너에게 너무 순하기를 바랐구나
뒷발을 버티고

물러서고
투레질을 하며 침을 흘려라
저녁에는 고래 속처럼 검고
아침에는 새벽처럼 흰
내 소야,
오늘은 새록새록 피어서 물러나는 잔물결이
새삼스럽구나
가자,
돛도 노도 없는 배야
네 아랫배에 닿는 두 발에 전해오는 숨결이
마지막 고삐로구나
엎드려
네 등을 지키마
가자,
배를 밀어 가자
소금물을 켜며 도리질을 치며
목이 타며
가자
흩어지는 살점을 툭, 툭, 흘리며 가자

숲은 고요하지 않다

물까치가 창가에 와서 귀를 찢어놓을 듯이
시끄럽게 군다
아이들이 없으니 새가 떠든다
그러거나 말거나 나는 내 할 일이 있고
새는 제 할 일이 있다
물까치는 산죽밭 여기저기 흩어져
분주하고
나는 써야 할 시가 있다
몇줄 쓰는 사이에 산죽밭을 벗어났는지
조용하다
오색딱따구리도 밥때가 지났는지 소식 없고
뻐꾸기만 짝을 찾는지 탁란 둥지를 찾는지
무슨 신호를 자꾸 보내고 있다
덕분에 한편 다 써간다
되지빠귀가 목청을 높이는 건 축하의 뜻은 아니겠지?
어느 사이에 물까치떼가 계곡 쪽에서
자지러진다
눈표범처럼 걷는 녀석이 또 온 모양이다
능선 넘어 누가 목매달러 오기라도 한다는 듯

고라니는 컁, 컁, 악을 쓰고
땅에 붙박인 나무는
필사적으로 가지를 뻗고 잎사귀를 넓힌다
벌떼와 모기떼와 파리떼와 진드기가 숲에 산다

공양

　수행자들이 서 있다. 줄지어 공양간에 서 있다. 밥을 뜨려고 식판을 들고 서 있다. 밥과 국을 더는 소리를 들으며, 밥을 뜨고 씹는 소리를 들으며 서 있다.

　붓다께서도 깨닫기 전에 마을 소녀가 보시한 우유쌀죽을 혼자 드셨다. 첫 다섯 제자에게 갈 때도 혼자 드셨고, 빠리닙바나에 들 때까지 수많은 날을 혼자 드셨다.

　수행자들이 마음을 가진 슬픔으로 와서 몸을 가진 슬픔으로 서 있다. 빛바랜 흑백사진처럼, 동작이 툭, 툭, 끊겨서 이어지는 옛날 활동사진처럼.

　수행자들이 몸을 먹이려고 서 있다. 혼자 서 있다. 저마다 저에게서 혼자 서 있다. 흐릿하게 서 있다.

우안거

집 없이 갔다

맨몸을 밀고 갔다

콘크리트 바닥을 가로질러
길 위에
길을 내고 갔다

끈적거리는 살을 밀어
핏기가 비치는
은빛
자취를 남기고 갔다

발 없이 갔다

통증을 데리고 갔다

한파주의보

스님이 발우를 메고 간다
밥그릇을 메고 간다

황색 가사에
빵모자를 쓰고 간다

발목에서 햇살이 차갑다

산그늘이
다섯걸음 앞이다

물 건너 컨테이너가
절이다

네 얼굴과 그것에 대하여

오늘 받은 잡지 표지에서 네 얼굴을 보았다.
가을볕처럼 피어 있었다. 네 미소를 서핑처럼 타고
피어오르는 것은, 그것이었다. 폭포수의
비말처럼 날아올랐다. 네 얼굴과
그것과 함께 오래 걸었다.

자주 새벽에 깼다 잠든다. 요의(尿意)에 지기도 하고
뒤척이기도 한다. 어젯밤에는 다시 잠들 때까지
네 얼굴과 그것을 바라다보았다. 출근길에도
함께 핸들을 잡았다. 〈김미숙의 가정음악〉을
함께 들었다.

추분의 아침 하늘에 대고 그것의 이름을
중얼거렸다. 네가 상을 받았다는 소식을
들었을 때도, 그것은
상승 기류를 얻은 새처럼 올라왔다. 터널 속에서
떠오르는 네 얼굴을 바라보며
그것이 나를 여기까지 떠밀어 왔다는 걸 안다.

주차장에 차를 세우고 사무실로 올라가며
추분의 하늘을 본다. 확실히
이것이 나를 여기까지 데려왔다. 어제보다
엷어진 구름에 대고, 떠가는
네 얼굴에 비춰서
가을볕처럼 오는 이것을 본다.

오늘 또 커피와 함께 하루가 시작되면
네 웃음과 이것도
추분의 구름처럼 흩어졌다 이어지고,
이어졌다 스러지겠지. 밤의 산보에, 새벽의 불면에
드라이아이스처럼 피어서
사라지겠지.

이것은 너의
일이 아니고 나의 일.
내가 아닌, 나의 일.
너를 떠난 네 웃음이 너의 것이 아니듯이
추분의 구름이 내 것이 아니듯이.

모레나 글피쯤 네게 전화할 일이 있겠지.
네 전화를 받을 일이 있겠지.
가을볕으로 피어라, 그때나 지금이나.

물풍수 이야기

 세상에는 묏자리 잘 보는 산풍수, 집자리 잘 보는 집풍수가 있거니와, 물길을 잘 보는 물풍수도 있다고 어느 밤 이야기 자리에서 들었네. 가령, 차고 맑은 오대산 윗대의 물줄기가 모여서 오대천을 이루고, 아우라지에서 온 조양강과 어울려 동강으로 굽이돌고, 다시 서강과 합쳐 남한강에 들고, 양수리에서 북한강과 합수쳐서는 서울 복판을 가르며 그 큰 도시를 다 적신 뒤에는 숨을 끌끌거리며 비로소 바다에 든다는 것인데, 밀물과 섞여드는 하류에서도 수천의 계곡과 도랑과 하수가 뒤섞여 흘러내리는 그 물을 가만히 들여다보고는, 그 먼 여정에서도 끝내 섞이지 않고 내려온 윗대의 물줄기를 가려서는, 나뭇잎을 한잎 똑 따서 오므려 한모금 떠서 맛을 보고는, 이 줄기가 맞네! 나뭇잎을 툭 던져 띄우는 물풍수가 드물기는 해도 아주 없지는 않다고 들었네. 언제 어디서 누구한테였는지 도무지 기억해낼 수 없거니와, 가만가만 이야기하던 그 목소리만은 윗대의 물소리처럼 그치지 않네. 이생의 어느 날 그 눈 밝은 풍수를 만나서 그 물줄기가 바다에 빠져 소금기에 흩어지기 전에, 맑은 윗대의 물줄기를 가려 그 물에 손을 적시고 발을 적시고 몸을 다 적셔, 강물이 흘러드는 쪽의 바다에 들지 않고, 남한강으로 동강으로 오대천으로 은어처럼 거슬러 올라서, 윗대에 이르러 그쪽으로 드는 바다에 들고 싶네. 차고 맑은 그 물이 흘러온 옛길을 거슬러 소금기 없는 바다에 목을 축인 뒤에는, 새끼 풍수 하나 새로 났다는 소문 한줄기 끊길 듯 말 듯 흘려두고는 그 옛 바다에 들고 싶네.

발을 닦으며

어둠이 내려앉는 것을 보았네
가슴 한쪽이 내려앉듯이

도로에서 오는 소음은 하나도
건드리지 않고
어둠이 내려앉는 것을 보았네

수락할 수 없는 것을 수락하던
가슴처럼

가방을 내려놓고
손을 씻고
마스크를 벗고
세수를 하고

발을 씻고 나와서
수건으로 닦으며
어둠이 내려앉는 것을 보았네

숲을 하나도 건드리지 않고
물까치 울음을
건드리지 않고
어둠이 내려앉는 것을 보았네

혼인색의 노을은 산 뒤에 있고

벗어놓은 옷가지를 건드리지 않고
수락할 수 없는 것을 수락하는
연습처럼

툭, 어둠이 내려앉는 것을 보았네

성지순례

붓다가 빠리닙바나에 들었다는 쿠시나가르를 종일 걸었다. 땅거미가 내려앉을 무렵, 붓다의 다비장을 돌고 있었다. 청년 둘이 벤치에 앉아서 스마트폰을 사이에 두고 몸을 기울이고 있었다. 낄낄거리는 사이사이 신음이 새어 나왔다. 팔만사천리 먼, 내게는 목이 메는 그곳이 그들에게는 친구끼리 야동을 돌려보고, 저녁을 먹고 나온 가족이 둘러앉아 수건돌리기를 하는 근린공원이었다.

제 2 부

임종

아버지가
아들의 눈을 감기는 것을 보았다

아버지가 아들의 사진 앞에서
두번 절하는 것을 보았다

애비 절이 받고 싶더냐
살아서 말을 하지,
나무라는 소리를 들었다

치매의 아버지는
아들을 기억하지 못했다

아버지가 눈을 감는 것을 보았다

능선 너머

푸른 연잎처럼 첩첩한 능선을 넘어가면
네가 있을 것 같은 날이 있었다

처음 보는, 낯설지 않은 네가
고샅을 나서며
흰 이를 드러내 웃을 것 같은 날이 있었다

일렁이는 연잎 헤쳐 넘어가면
흰고래처럼
흰고래의 혹등처럼
솟아오른 추운 산정 넘어가면
들 너른 마을이 있을 것 같은 날이 있었다

얼굴이 까무잡잡하다고 했다
잘 웃는다고 했다
까마귀발 같은 손을 돌 밑에 넣으면
불거지나 꺽지가 어김없이 들려 나왔다고 했다
햇살에 번쩍이며 파닥거리는 그놈을 들고
건치를 드러내 웃었다고 했다

큰 산이 너른 들을 펼친 마을에
집을 짓고
논틀밭틀을 오가며,
광목처럼 풀리는 새벽 강에 나가서
주낙을 걷어 오는 사내가 되고 싶은 날이 있었다

가보지 않은 나라와 강과 산을 오갔으나,
두려운 도시의 거리와
여러 직장과
해안과 오래된 골목을 오갔으나,

산 아래서 보면 아직 가보지 못한 산정이
구름에 가려 보이지 않았고,
산정으로 가는 길에서 뒤돌아보면
구름 아래 살구꽃 환한 마을이 있었다

일렁이는 연잎 위로 꽃대가 밀고 올라올 것 같은
네가 흰 이를 드러내 웃을 것 같은

먼 능선이
있다

그 오뉴월 한나절

두분의 말투를 내가 안다
그 드물다는 고부 금슬을 안다

그 어느 오뉴월 한낮

어머니는 보리쌀 삶아 밥을 안치고
나는 불을 때고
할머니는 상추를 뜯어다 씻고
된장을 퍼 오고

당신들과 내가
상추쌈에 풋고추에 꽁보리밥에
배를 쓸어내리도록 먹고

할머니는 늘어진 젖이 다 비치는
삼베 적삼을 입고
한쪽 무릎을 세워 담뱃대 잡은 손 팔꿈치를 괴고
들고

어머니는 치마가 다 흘러내려, 허벅지와
속곳이 다 드러나는 것도 천연덕스레
바람벽에 다리를 걸치고 누워서는
"어머이, 그 옛적에 일없는 영감태기들이 밥 묵고 할 일 없응개
남자는 하늘이고 여자는 땅이라는 말을 지어냈지요 이?"
왼발을 오른발에 얹었다 오른발을 왼발에 얹었다 하며
묻고

할머니는 볼이 오목해지도록 담뱃부리를 빨아서
연기를 내뿜고는
"하먼, 좋은 밥 묵고 쉰 소리 헌 것이제"

나는 또 할머니 무릎을 베고 누워
"할매, 맵다고!"
당신들의 배꼽이 떨어져 구르는 소리를 듣다가는

모다 한숨 잘 자고 나서

어머니는 다시 저녁 지을 쌀을 안치고
할머니는 돼지 구유에 개숫물을 붓고
나는 염소 몰러 가고

아버지가 뒷산만 한 풀짐을 지고
소를 앞세워 들어서던
마당

그 어느 오뉴월 저물녘

꾸지뽕 쓰레빠

어머니 집은 양지바른 곳,
어머니가 없다

당신의 머릿수건도 없고
콩밭도 없고
땡볕도 없고
열무도 된장도 꽁보리밥도 없다

고무 다라이도 없고
호스도 없고
등목도 없고 어푸어푸도 없다
늘어진 젖도 없다

마당에 잔디가 좋아서
도라지꽃과 마주 앉아서
어머니가 좋아하는 포도주스를 따라서
내가 마셨다

어머니 집에는 개미집이 있고

내가 해마다 찍어 넘긴 꾸지뽕나무가 끈질기게 있다

어머니의 본관과 이름이 박힌
섬돌이 있고
먼지 앉은 코고무신과 털신이 없다

쓰레빠는 어머니가 신고 갔다
멀리 갈 때는 쓰레빠 신고 다니지 말라고
그렇게 일렀는데도
기어코 찢어진 쓰레빠만 직직 끌고 갔다

아들의 말은 귓등으로도 듣지 않는 것이다
그래서 형과 내가 아버지와 작당하여
두고 간 몸을 태워버렸다
아우가 울다가
담배를 피웠다

이제 나무를 그만 베어 넘겨야겠다
어머니의 섬돌 곁에 아버지의 것이 놓일 때는

꾸지뽕 그늘이 쓰레빠짝처럼 얹히게

내외가 껌을 짝짝 씹으며 쓰레빠나 끌고 다니게
찢어지지도 않고
며느리발톱이 밀려 깨지지도 않는
꾸지뽕 쓰레빠나 두어켤레 던져두어야겠다

석다

길바닥이 초벌 쓸어놓은 눈길이었다

벚꽃잎이 꽃시새움에 몰려다니다가
주차장 한편에서
대빗자루로 쓸어 붙인 봄눈처럼 석고 있었다

아내에게 상황이 이렇다고,
길이 미끄러워 차를 놓고 가야 할 것 같다고
문자를 했다

아내는 여기도 그렇다고,
이런 날은
밥도 하기 싫다고
그냥 콜택시 불러 타고 홈플러스 근처 덤앤덤으로 오라고 했다

돼지껍데기에 김치찌개를 시켜놓고
눈도 석고
벚꽃도 석고

우리 정신머리도 석어서
눈발과 꽃잎이 서로 몸을 섞었다고
재밌다고 손뼉을 쳐가며 소주잔을 부딪쳤다

이 밤에는
팔만사천 킬로미터를 뛴 내 차도
난데없는 한뎃잠에 차게 석고 있을 것이다

걸음이 꼬이지 않을 만큼은 알딸딸해서
돌아오는 길에
아내와 은근슬쩍 팔짱을 섞었다

이 봄밤에 꽃잎이 다 석는지 알 수 없었다

우동과 자전거

페달을 밟아서 우동을 먹으러 간다
마음이 허기를 수락하고
힘줄로 하여금 페달을 밟게 한다

주택가의 오르막과 내리막
과속방지턱을 넘어서
페달을 밟아 우동을 먹으러 간다

구르는 바퀴의 속도를 돌이켜
페달을 거꾸로 돌리면
언제나 허기가 주인이었다

이 허기 때문에
들 너른 외가(外家)의 쌀밥이 눈에 선했고,
이 허기가 뒤늦게
낯선 도시의 공무원이 되게 했다

어머니는 출가하겠다는 아들을 뒤세워
삼겹살을 끊어다 구웠다

이거 묵고 그냥 살자,
어머니의 인중이 문풍지처럼 떨렸다

12시부터 1시까지는
평상 끝에 참새처럼 걸터앉아 기다린다

허기가 시켜서
상수도가 터진 길을
후룩, 휘릭,
바퀴를 굴려 우동을 먹으러 간다

방울벌레 울음소리를 물었다

방울 같은 걸 흔드는 건 아닐 거야
떠는 거지
자꾸 떨어서
떨림의 파문을 보내는 거지
운다는 게
꼭
슬픈 건 아닐 거야
운다는 건
떤다는 거
노래하는 것도
떠는 거지
소리라는 게
그게
어디 있는 건 아닐 거야
파문이 와서
귀의 속속을 건드리는 거
거기서
마음이 일어나는 거지
사랑이라는 게

그게
어디 있는 건 아닐 거야
떨림의 파문을
주고
또 받는 거
그냥
떨림이 오고 가는 거
빈 거지
방울 같은 게 어디 있는 건 아닐 거야

늦은 임종

부추꽃을 찍어서 단톡방에 올렸다

정구지꽃,이라고 쓰려다가
부추꽃이라 했는데,
아내는 우리가 먹는 그 부추?
아이는
졸려ㅜㅜ 했다

할머니와 부추밭으로 내던 오줌동이 냄새가
어제 먹은 점심보다 생생한데,
부추를 단으로 묶어서
얼갈이배추와 함께 리어카에 싣고
우체국이며 식당이며 학교 관사에 내다 팔던 기억이
지각이 턱에 닿던 기억이
아침에 읽은 뉴스보다 생생한데,

그때 나는 할머니와 오줌동이를 작대기에 꿰어 들고 가면서
한 손으로 코를 싸쥐며
오줌 냄새가 고약하게 나는 것은

오줌 분자가 공중으로 떠다니다가
숨을 들이쉴 때 콧속으로 들어와서
후각세포를 건드리기 때문이라고 키득키득 웃었다
할머니는 별 옴따까리 지는 소리 다 한다고
팔 떨어지겠다고
어서 가기나 하라고 퉁을 놓으셨다

그때 나는
내가 아는 것을 할머니가 몰라서
우스갯소리가 될 수 없는 것이 불편했을까?
할머니는
손자가 씨월거리는 것을
농으로 받을 수 없어서 불편했을까?
아내는 나와 같이 사는 사람으로서
그 깜냥을 알고서
옜다, 한마디 거들었을까?
아이는 학원에서 졸린 것을 졸린다고 썼을까?

임종도 없이 당신을 보내고

서른해가 지나서 나는
　관사 말고는 소학교 교실에도 들어가보지 못한 당신의 쓸
쓸함을
　손자가 쓰는 글씨를 알아보지 못하는 서러움을
　짐작이나 하게 된 것일까?
　당신의 쌈짓돈으로 코흘리개를 면했고
　내 말씨의 반은 당신의 것인데,
　나는 당신이 마늘 접이나 싣고 다니던 전북여객을 타고
나와서
　무엇을 얻었을까?

　나는 정구지꽃을 알고
　그것이 부추꽃인 것을 알고,
　아내는 부추를 알고
　부추김치를 담글 줄 알고,
　아이는 졸음을 알고
　부추김치에 밥을 비벼 먹을 줄 알고

　나는 부추가 정구지의 표준어이고

어느 지방에서는 솔이라고도 한다는 것을 알고
하나의 대상에 여러 기호가 붙을 수 있다는 것을 알고,
할머니는 부추도 솔도 모르셨고
기호도 대상도 기표도 기의도 모르셨고,
정구지의 사계절을 아셨다
그 순과 뿌리와
흰 꽃과 햇살과 오줌과 고랫재를 아셨다

떨이 열무 한단에 막걸리 두어잔이면
불콰하니
세상을 다 얻으셨던 당신,
당신으로부터 나는
얼마나 멀리 걸어 나온 것일까?

오늘 나는 왜
남의 밭둑에 쪼그려 앉아
콧물에 눈물을 섞어서 정구지밭을 적시는 것일까?
　당신은 어느 밭고랑을 타고 가며 옛 손자의 늦은 임종을 받는 것일까?

통증에 대하여

깊다

거처를 위협당한 땡삐가
몰려다니고 있다

너무 깊이 건드렸다

신경을 따라 몰려다니며
웅웅거리고 있다
꽁지를 씰룩대고 있다

거기
집이 있는지도 모르게 드나들던 벌들이
되새떼처럼 날아올라서
적을 찾고 있다

집에 들지 않고 있다

작은 날개를 웅웅거리며

침을 찔러대고 있다
목숨을 내놓고 있다

몸속이라서
벌떼도
나도
달아날 수가 없다

꼬챙이를 너무 깊이 찔렀다

그 생에도 보리똥나무가 있을까?

그날 아침, 그와 나는
한쪽 어깨에 햇살을 받으며
보리똥을 따 먹고 있었다
그 아침에
그가 한 말도
입었던 옷도 기억나지 않지만
그의 스포츠머리와
흰 치아를 드러낸 미소와
말소리만은
아직 진동을 멈추지 않고 있다
이생을
그와 함께했다는 것은
이것으로 명백하다
내가 이생에서
다시 태어나지 않는 것에 실패한다면
또 어느 생에서
그와 함께 보리똥을 따 먹을 수 있을까?
한쪽 뺨과 어깨가 따숩던
그 아침에

보리똥나무 가지를 흔들던
자디잔 웃음소리를
아껴 먹는 생의 식량으로 삼을 수 있을까?

왜 많은 가지와 잎을 가졌을까?

팽나무는 왜 많은 가지와 잎을 가졌을까?

쉰이 넘은 자식이 자식하고 싸우고 나와서
옆 동네 팽나무 밑에 와서 앉아 있다

아이의 나이에 나는
아버지를 죽이고 싶었다

손바닥 위의 환약만 한 팽에서
한 동네의 바람의 중심이 된 이 나무는
왜 싹이 터서
수백년의 바람과 햇볕을 품었을까?

팽보다 작은,
아니,
없는 거기에서
때는 왜 생겨나고 곳은 정해졌을까?

우주는 왜 아직도 팽창하고 있는 걸까?

풍선을 부는 아이는
누구일까?
그 입은 어디에 있을까?

이것이 아버지의 쉼이었을까?
당신의 옆 동네에도 팽나무는 있었을까?

팽창하는 우주도 끝없이 집 나가는 중일까?
그 갈데없음이
이 팽나무를 낳고 있는 것일까?

팽나무는 왜 울퉁불퉁한 뿌리와 줄기를 가졌을까?

발자국

지난 14일(현지시간) 미국 CNN 등 해외 주요 언론은
탄자니아 북부 엔가레 세로라고 불리는 마을 인근에서
역대 가장 많은 규모의 고대 인류 발자국이 발견됐다고 보도했다.
지금으로부터 5760년 전에서 최대 1만9100년 전에
새겨진 것으로 추정되는 이 발자국들은 총 408개로
17명의 흔적이 담겨 있다.
연구팀은 이 중 14명은 성인 여성, 2명은 성인 남성,
나머지 1명은 청소년으로 분석했으며
함께 팀을 이뤄 식량을 찾아다닌 것으로 해석했다.
— 서울신문 나우뉴스, 2020년 5월 15일

엔가레 세로!

할머니와
내가
고원을 가로지르던 곳

내가
발가락 사이로 밀고 올라오는
개흙 때문에
간지러워 웃었을 때

할머니가 빙그레 웃고

어머니가 따라 웃고
이모들이 웃고
아버지들이 웃고
누이들이 가젤 똥처럼 때글때글 웃고

발가락 사이에 간지러움을 만들려고
내가 개흙에
발자국을 꾹꾹 찍고 다녔고
누이들이 따라 했고

웃음의 개흙 위에 우리는
발자국을 찍었고
춤을 추었고,
할머니가 노래 불렀고
아버지들이 춤을 추었고
이모들과 어머니가 함께 추었고

고원이 끝나는 곳에서
무릎 다친 가젤을 만났고,

그날 밤 가젤이 우리 몸속으로 들어왔고
우리가 가젤의 무릎 속으로 들어갔고

엔가레 세로!

거기
할머니와 어머니와 이모들의 발자국이
아버지들과 내 발자국이
누이들의 발자국이
그렇게도 많이 남아 있었다니!

그 발자국들이 아직 거기 있었다니!

제 3 부

말

  그립다는 말 참 하릴없는 말 그리고 또 그린다는 말 그리고 또 그리게 된다는 말 바위벽에 고래를 새기듯 동굴 벽에 검은 암소를 그리듯 긁고 파서 지울 수 없다는 말 아리아리 쓰리쓰리 아라리가 난다는 말 속절없는 말 놓아먹이는 말처럼 달리는 말 갈기를 날리며 치달리는 말 손 놓고 쳐다볼 수밖에는 없는 말 구릉을 가로질러 숲으로 들어가는 말 가지에 쓸리고 가시에 찔리는 말 헐떡이는 말 지쳐 함께 걸을 수밖에는 없는 말 몸짓마다 살랑이는 말 잎새마다 설레는 말 벗은 발처럼 늦춰지는 말 가만가만 숨결에 오는 말 바라볼 수밖에는 도리 없는 말 턱, 둔덕을 내려서는 말 고개를 수그려 몸을 내려놓는 말 그린다는 말 글이라는 말 참 하릴없는 말

잠긴 돌

내가 아침마다 자전거를 타고
지나는 개울에
몸을 담그고
정수리만 겨우 내놓은 돌이 있다

아침마다 나는
그 녀석이
자라 등처럼 가뜬히 잠겨 들어가거나
왜가리 어깨처럼
훌쩍 날아가버리지나 않았나
눈을 맞춘다

어떤 때는 청거북이가 거기 엎드려
땡볕에 늘어지기도 하고,
한쪽 다리를 들고
까무룩
왜가리가 졸음에 겹고,
꼬마물떼새가 와서 총, 총, 똥을 싸고 간다

봄비에 물이 불면
머리꼭지까지 잠겨서
숨이 차지나 않을까 더듬어 찾기도 하고,
가뭄에 정강이까지 다 드러나면
목이 마르지나 않을까
흘끗거리다가
다른 자전거와 부닥치기도 한다

녀석은 홀연 몸도 바꾸지 않고
길가에 내놓은 의자가 되거나
툭 터진 뒷간이 되거나
그늘에 엎드린 평상이 되거나
변신의 달인이라 할 만한데,

하루나 두어달
까맣게 한눈팔고 다니는 동안에도
물속 깊이
어느 돌 밑으로 잠겨 들어가거나
산 너머 날아가버리는 일은 없다

그렇지만 나는 녀석이 어느 날
지느러미발이 돋아서
청거북이와 어울려 헤엄쳐 가거나
날개가 돋쳐서
청둥오리와 더불어 훨훨 가버리지나 않을까
눈때를 묻힌다

호두나무 잎사귀가 있는 저녁

호두나무 잎사귀 사이로, 하늘에
막 생겨나는 달이 있었다
호두나무 잎사귀 사이로, 마음에
막 생겨나는 사람이 있었다
어스름 속에서 막 돋아난 달처럼
막 피어난 호두나무 푸른 잎사귀 사이로, 돋아나는
사람이 있다는 데 놀라고,
그 사람이 지금
곁에 없다는 것을 잊지 않고 있다는 데 또 놀랐다
어스름 바람에 팔랑이는 호두나무 잎사귀 사이로, 그 사
람도 달을 보고
내가, 그 사람에게 막 생겨나는 달을 가리키고 있었다
그 사람의 쌩긋 웃는 얼굴이
호두나무 잎사귀 사이로, 하늘에 떠 있었다
어두워지는 호두나무 잎사귀 아래서
그 사람을 보고, 다시
보고
호두나무 잎사귀를 흔드는 바람이 살을 감고,
달이 싱거워지고

검은등뻐꾸기 소리와 호랑지빠귀 소리에 귀가 기울고,
하늘에 떠 있는 그 사람이 싱거워지고
검은등뻐꾸기 소리와 호랑지빠귀 소리와 놀다가
그 사람이
저문 호두나무 잎사귀 사이에 달을 두고 가고,
저문 호두나무 잎사귀 사이에 달을 두고
들어왔다
사람의 체취를 가진 호두나무와 안는 꿈을 꾸었다

낙화 동백

흙의 심장이 튀어나왔다

단추가 풀렸다

필라멘트가
대기에 노출되었다

어제의 안부도
내일의 안녕도 묻지 마라

너의 가슴에도
나의 가슴에도 없던 것이다

저것은 태어났다

지금 뛰고 있다

어제는
없었고,

내일은 정전이다

지금 타고 있다

봄 내

잉어가 뒤에 뒤를 물고 간다
봄 내가 훤해서
드러나지 않은 것이 없다

소용돌이가 있다
지느러미가 드러났다

앞서가는 놈은 풍만한
유선형이다
따라붙는 놈들은
늘씬한 로켓형이다

물풀처럼 몸을 흔들며 나아간다
쉬이
따라잡지 못하게
아주 뒤처지지는 않게

여울에 드는 물살처럼 나아간다
꼬리지느러미를 치면

한번에
앞의 뒤가 닿게
겁먹고 영 멀어지지는 않게

줄레줄레 따라붙어서
앞엣놈의 뒤에
뒤의 밑에 입을 갖다 댄다

저건
만지는 건가
냄새를 맡는 건가

어느 쪽이든 저건
몸을 여는 것
봄을 여는 것

지느러미가 상어처럼 드러났다
소용돌이가 사납다

거기 지금

거기
어떨까 지금

꽃잎은 터지고 또
부서져
지저분하게 마르고
열매 맺어서

매실은 익어갈까 빗속에

빗방울 푸른

지금
어떨까 거기

구릉 밑
어장에 갈매기떼
하늘에
또 바다에

한 놈이 물고기를 찍어내
햇살에 치켜들고
또 한 놈이
가로채려고 내닫는

어떨까
지금 거기

섬 능선 앞에서 겹치고
산 능선 뒤에서 포개는

해안도로에 유채꽃 누룩처럼 날리는

동백

끝이 올 거야

우리가 가본 모든 길들이
막다른 곳에 이르거나
다른 길로 접어든 것처럼

끝이 올 거야

우리가 저녁이 오는 방파제에서
손을 잡고 걷거나
그 끝에 가서
앉아 있다가 되돌아온 것처럼

끝이 올 거야

우리에게 넘길 수 없는 때가 있어서
서둘러
우리의 시간을 거기 두고 온 것처럼

끝이 올 거야

그 날카로운 것에
깊숙이 찔릴 때가 올 거야

서어나무에게 간다

서어나무가 나한테 가지를 내밀었다
가지가 없어서, 나는
손을 내밀었다
곁에 가 서기도 하고
그늘에 들어가 앉기도 했다

참 많은 바람을 가져서
숨 쉬기가 편했다
참 많은 잎사귀를 가져서
수런수런 한담을 건네기도 했다

내가 그의 설움을 다 알 수는 없다
저녁까지도 함께 있다가
너무 늦기 전에 돌아오기 때문에
태풍에 가지가 부대끼고
꺾이는 것을 보지 못했다
그 역시
나의 신경질을 다 알 수는 없다

나는 그에게 발소리를 들려주었다
그의 무릎에 앉거나
둘레를 거닐어도
그늘은 줄지 않고
바람은 바닥나지 않았다

나는 서어나무를 가졌다
그는 나의 것이 아니고
나도 그의 것은 아니지만,
서어나무가 나를 가졌다

곁에 없고

이 빗소리

감나무 잎사귀를 적시듯
몸을 두드리네

바라는 것은
이 빗소리를 함께 듣는 것,
감잎처럼 돋아나네

함께
이 빗소리를 듣고 싶은 것,
맨 처음
이것의 이름을 붙인 것은 누구인가

이 빗소리가 몸을 두드려
잎사귀를 깨우네

이 빗소리,
빗소리를 듣는 이것은 무엇인가

빗소리에 돋아나는 잎사귀를
빗소리에 우려
빗소리에 내밀어 적시네

불어라, 바람

내가 좋아한 것이
네가 아니었다니
붉은 목도리를 한
너의
미소였다니

잘 가라,
너여
나를 놓아주듯이
너를 놓아준다

잘 가라,
너에게서 일어나서
매일같이 펄럭인 나여,
너를 놓아준다

붉은 목도리를 한 너의
옆얼굴의
미소가

네가 아니었다니

가만히 치마를 쓸어서 앉는
너의 자세에서
일어나서
너에게로 향하던 그것이
내가 아니었다니

너를 놓아준다

잘 가라,
나여

수련

열나흘 달빛 타고 순천만에 갔다
자전거 타고 갔다
풀벌레 소리 굴려 갔다
터진 구름 사이,
한채의 수련과 함께 갔다
농로가 끝나는 곳까지 가서
갈대숲에 가로막혔다
똥이 마려워
똥을 쌌다
엉덩이를 농로 난간에 걸어놓고
수련을 안고 쌌다
바람이 샅을 슬슬 쓸어갔다
풀 잎사귀를 밀어 밑을 닦고
엉덩이가 또 묵지근해서
세발짝 걸어가서 또 한 무드러기 쌌다
논 주인이 벼 베러 와서
눈살 찌푸릴까봐 미안했다
터놓고 일 보는 사이에
수련과 내외할 것은 없었다

엉덩이를 까고 앉아서
풀 대궁이라도 껴안고 싶은 밤이었다

연두 생각

다시 올까? 썩은 가지는 떨어져 부서지고,
목이 없는 해바라기 대궁

지퍼를 목까지 끌어올리고,
발아래
부서지는 서릿발
장다리꽃 필까? 얼음 박인 봄동

밤나무 가지에 비닐 걸려 날리고,
다시 싹틀까?
저수지
살얼음 위에 날리는 눈발

물오를까? 뒹구는 새의 부러진 뼈
머리는 부리를 달고
육탈(肉脫)을 기다려

다시 날아오를까, 연두는
우화(羽化)처럼

제 4 부

놀다

ㅅㄹㄹㅅㄹㅅㄹㄹㄹㄹㅎㅅㄹㄹㄹㄹㄹㄹㅅㄹㄹㄹㄹㄹㅅㄹㅎㅅ
ㄹㄹㅅㄹㄹㄹㅅㅎㄹㄹㅅㄹㅅㅅㄹㄹㄹㄹㄹㅅㅎㄹㄹㄹㄹㄹ

갈대가 바람이랑 놀았지

너랑 놀았지

노을이 불끈 놀았지

ㅅㄹㅅㄹㄹㄹㄹㄹㅅㅎㄹㄹㄹㄹㄹㄹㅅㅅㅅㄹㄹㄹㄹㅅㅎㄹ
ㄹㄹㄹㅅㅅㄹㅎㄹㄹㅅㅅㄹㄹㄹㄹㅎㅅㅅㄹㄹㄹㅅㅎㄹㄹ

용의 자취를 기록함

용은 유난히 새뜻한 구름 위에 새끼를 친다

둥지 구름이 유달리 빛나는 것은
아비가 알을 품으면서 흐뭇해한다는 것이
미소가 온몸으로 번지고
구름이 거기에
슬그머니 감전되기 때문에 일어나는 현상이다

알을 낳기는 암컷이 낳지만
품기는 수컷이 품는데,*
알을 품을 때 수컷은
비늘이 깃털같이 보송해지고
발톱이 콩나물 대가리처럼 윤기가 흐른다

새끼가 알을 깨고 나오는 것은
장마가 시작될 무렵인데
새끼의 피부가 촉촉하게 유지되기도 하지만,
먹장구름에 가려서
장난치고 노는 것이 사람 눈에 띄지 않기 때문이다

어린 용이 무엇을 먹는지는 아직 가려지지 않았다
공중에 흩어진 기운을 피부로 섭취한다고도 하고
어미가 유난히 높이 나는 맹금류를 향해 불을 뿜어서
연기로 만들고
그것을 들이마신 뒤 숨으로 토해 먹인다고도 한다

장마철이 지나면 새끼의 몸이 다 자라는데
아직 비늘이 딱딱하지도 않고 가죽이 질기지도 않다
새끼들은 주로 소나기구름 속에 몸을 숨기는데
소나기가 천지를 진동하며 퍼부을 때는
신바람이 나서 강으로 곤두박질치기도 한다

여름 땡볕에 비늘은 찬란한 은빛을 얻게 되고
가죽은 벼린 칼을 무디게 할 만큼 질겨진다
태풍 속에서 하늘을 휘젓고 다니거나
산봉우리를 냅다 들이받기도 하는데
이때 포악함을 일으키고 또 누그러뜨리는 법을 배운다

마른바람이 풀을 말리고 땅을 식힐 때쯤에는
몸을 한번 꿈틀하면
한 하늘눈**을 너끈히 날 수 있게 된다
노을이나 바람, 안개와 몸을 섞는가 하면
푸른 하늘과도 섞어서
구름 한점 없는 하늘에서도 사람 눈에 띄지 않게 된다

사람들이 용이 없다고도 하고 있다고도 하는 것은
이런 까닭이다

* 용이 암수를 바꿀 수 있기 때문에 알을 암컷이 낳고 수컷이 품는다고 하는 것은 옳지 않다는 기록도 있다.
** 사람이 고개를 들어 하늘을 볼 때 한번에 볼 수 있는 하늘의 넓이, 또는 그 넓이의 이쪽 끝에서 저쪽 끝까지의 거리.

용이 알을 품을 때
별기(別記)

  용은 똬리를 틀지 않는다. 뱀의 일족이 아닌 까닭이다. 가죽이 두꺼운데다 딱딱하고 빛나는 비늘이 서걱거려 몸을 감을 수 없다.

  용이 알을 품을 때는 앞발로 감싸고, 어깨로부터 날개로 덮어서 눈으로는 볼 수 없다. 구름 속에 길게 엎드린 채 가슴에 알을 품느라고 윗몸을 일으키기 때문에 멀리서 보면 신선이 앉아 있는 것 같다.

  알과는 체온으로 교감하는데, 가슴과 두 발로 안고서 알의 체온을 매순간 알아차리는 것을 잊지 않는다. 그를 통해 자기가 호흡을 일으키고 꺼트리는 것과 알의 박동이 함께 일어나고 꺼지는 것을 안다. 가까이서 보면 미소 짓고 있는 것처럼 보이는데, 알의 체온과 어미의 그것이 매순간 함께 가는 것이 얼굴에 그렇게 나타난다.

  이때 용은 생각하는 것도 아니고 생각하지 않는 것도 아닌데, 알이 순간 식거나 뜨거울 때 순간 체온을 높이고 낮추기 때문에 생각이 없는 것은 아니지만, 알을 품는 동안에는 먹는 일도 없고 짝짓는 일도 없기 때문에 마음이 일어나도 엷은 첫눈이 우물에 일으키는 파동처럼 피었다가는 곧 스러진다.

윗몸은 일으키고 아랫몸은 길게 늘인 채 잠든 듯 깨어서 알의 체온을 타고 들어가 그것의 호흡과 함께 노닌다. 알냇짓*을 할 때는 눈으로 들여다보는 듯이 빙그레 웃기도 하고, 알 수 없는 상처에 뒤척일 때 그것을 알아차림으로써 쓰다듬어준다. 용은 안다. 귓전에서 터진 천둥에 한쪽 귀를 잃은 제 젊은 날과 몸을 감추고 한 하늘눈을 처음 날았을 때의 제 짝의 우쭐함이 거기 있으며, 혜성의 꼬리에 옆구리가 먹힌 먼 조상의 마지막 숨이 알 속에서 웅크려 떤다는 것을. 어둡고 주름진 알 속에서 함께 풀리고 환해지고 가벼워지면서 용은 순간의 생과 지나간 생과 다가올 생을, 한 생과 여러 생을 알과 함께 유영하고 뒤척이는 것이다.

삼칠일을 한순간도 거르지 않고 그 일을 계속할 수 있으니 비록 짐승이지만 가히 신출과 귀몰의 용맹과 자애를 함께 갖추었다 할 만하다.

---

* 포유류가 배냇짓을 하듯이 난생류는 알냇짓을 한다. 단, 배냇짓은 태어난 뒤에 하는 짓이지만, 알냇짓은 포유류의 태동과 같이 알 속에서 하는 짓을 말한다.

불확실성 시대,라는 말을 들었다

내가 뺨이라고 부르는 이것에 와 닿아서
차갑다고 말하는 이 느낌을 가져오는,
가져가는,
가져오고 또 가져가는
이것이
우리가 바람이라고 하는 것인가

아무튼
좋다,
고 말하고 싶은

등성이길을 걷는 내 등짝에 와서
따습다고 하는 이것을,
이 느낌을
일으키고 또 가고
일으키고 또 가는
이것이
햇볕이라고 하는 것인가
늦가을볕이라고 하는 것인가

초겨울볕이라고 하는 것인가

돌아보면
햇살은 거기 있으나 등짝의 따스움은
벌써 가고 없는,
그래서 그것이 온 것을 확증할 수가 없는

아무려나
좋다!
고 말할 수밖에 없는

잎 다 떨어진, 그래서
잎 없는
가지에 걸린,
우리가 홍시라고 부르는 저것의 빛깔, 저것을
붉다고 할 것인가
발갛다고 할 것인가

좋군!

그냥 그렇게 말하는 것이 한갓질 것 같은 저것을
참 근사하다,고 말하고는
서로 알아듣고서
슬며시 미소를 건네는 이것까지가
그 배경에서
온통 시푸른 하늘, 하늘빛까지가

참, 좋다!

지금 이것이 우리가 서로 알아들은 것인가

나의 어여쁜 루어

나는 어여쁜 루어를 가졌네
피라미보다 더 날렵하게
가라앉고 떠오르며
몸을 터는
무지갯빛 늘씬한 미노우를 가졌네
미끈하고 커다란 주둥이거나
검붉은 아가미거나
한번 움켜쥐면
날카롭게 물어뜯으며 절대 놓지 않는
닻 같은 훅을 세개나 가졌네
자빠지고 넘어지고
물뱀의 머리를 걷어차며
강과 호수 밑의 경사면을 향해
물풀의 경계를 향해
수몰 나무 밑으로
어여쁜 루어를 던지네
나의 루어는
번번이
물풀을 움켜쥐거나

나뭇가지를 붙들고 늘어져서
팔뚝과 허리가
뻐근하게
빈 훅으로 돌아오네
때로는
손끝이 저릿하고
초리가 터질까 모골이 송연하지만
끌어내면 어김없이
마음의 척(尺)을 넘은 적이 없네
어린것의
주둥이를 쥐어뜯어놓거나
뱃구레를 터트려놓기 일쑤이네
허기는
수렁처럼 잠들지 않고
혐오는 부레옥잠처럼 무성하네
나의 어여쁜 루어는
초리를 달처럼 휘며
그 입에 문
낚싯줄을 놓은 적 없네

나의 루어는

영악해서

백칠십이 센티미터의 대상어를 물고

저 스스로 줄을 감아 끌어 올리게 하는 것을 잊지 않네

나는 어여쁜 루어를 가졌네

낚시가 없는 날에도

가만히 꺼내 닦아보는 미노우를 가졌네

산도라지밭에서

어디를 향하여 가고 있는 것일까?

장맛비와 땡볕을 지나서
습한 공기와
한낮과 저녁을 지나서
흰 것과 푸른 것은
뒤섞여

바람과
멧돼지의 발자국을 지나서
이슬을 스쳐서
흐트러짐과 꺾임을 지나서

어디로 가고 있는 것일까?

너구리의 털과 고라니의
똥을 지나서
때까치 새끼의 지저귐을,
깔깔거림을,

자지러짐과 시듦과 열매를 지나서

어디를 향하여 가고 있는 것일까?
뿌리를 지나서

메뚜기와
키 큰 망초와 그늘을 지나서

작은 미술관을 나오며

화가의 작업실을 들여다봤다 그의 유작이 걸린
미술관에서

일인용 침대에 이불이 뒤엉켜 있었다
먼지가 꽃가루처럼 엉긴 바닥에서
그림을 그리고 있었다
두 눈이 여름밤 반딧불 같았다
손톱과 손가락 마디에 물감 때가 끼어 있었다

어떤 형태와 색을 새기고 있었을까?
궁핍과 피로 속에서

소실점을 향해 가는, 그가 그린 길들
너머에
무엇을 그려 넣고 있었을까?
그것 말고는 모든 것을 누추하게 만들면서

비좁은 방과 우그러진 팔레트와
모지라진 붓과

더러운 손톱을 두고
어디로 가고 있었을까?

바람에 불린 반딧불이처럼 날아서
두 눈이 길을 잡는 곳으로
붓이 지팡이로 몸을 바꾸는 곳으로
걸어 들어간 것일까, 그는

소실된 길 끝에 길을 놓아서

모기 선생, 여기서 이러시면 안 됩니다

가뭄 끝에 큰비 내리고, 한 이틀
땡볕 쏟아졌다
산 중턱 밭가에 앉아 있었다

모기가 팔뚝이며 목덜미며
볼때기 귓불 언저리에서
유성처럼 소리를 그으며 곳곳을 물어뜯어
울긋불긋 열꽃이 피었다

팔을 휘휘 내저으며 산 아래로
황급히 도망쳤다
큰길까지도 구급차 소리를 내며
따라붙었다

양말 속까지 꽃이 피느라고 가렵고
따가웠다
내 귀싸대기를 내가 치며 달아나다, 경황 중에
모기가 길을 잃을까봐
마음이 쓰였다

내가 밥 냄새에 애가 닳아서 이 먼 곳까지 왔듯이
길 가늠이 흐려 길을 놓쳤듯이

한번 밀고 들어선 밥 냄새의 길에 갇혀
남의 밭가에 앉아 있을까봐

복도까지 따라붙는 그가 돌아갈 일이
안심찮아서 걸음이 놓았다

옥천사 가는 길

 늘 길에서 비껴난다

 내비를 찍고 가도 옥천사에 닿지 못하고 초겨울볕 속의 논두렁길과 비산비야(非山非野)와 지붕 낮은 고샅길을 감고 돌아서, 다시 그 자리

 내비의 길을 버리고

 우체부의 오토바이를 세워 물어서 닿은 곳은 까치밥이 하늘에 걸리고 성보전(聖寶殿)을 새로 앉혔다는 옥천사가 아니라, 보살과 살림을 차린 점쟁이가 오줌을 누고 괴춤을 여미며 돌아보는 후미진 골의 옥천사였다

 옥천사를 버리고

 만해(萬海)와 범부(凡父)가 묵었다는 다솔사에 가서 약수에 손 세번 적셔 합장하고 적멸보궁(寂滅寶宮) 왼쪽으로 세번 돌고 초겨울볕이 따스운 절골이 내려다보이는 차밭을 한바퀴 둘러 내려왔다

휴게소에서 김치찌개를 시켜 시장기를 재우고

처마 비껴 하늘빛에 까치밥이나 비춰보고 서 있다 돌아올 옥천사야 안 봐도 그만이지만, 길 나선 마음의 뒷자락이 남아서 휴게소 뒷길이나 서성이며 국도변 재첩국밥집 앞에서 빛바랜 동백을 보는

바람 자는 초겨울볕 엷은 오후

알

하늘의 기미를 아는 당골처럼
히말라야시다가
회녹색 솔방울을 받들어 품고 있다

저것이 알이라는 걸
왜 몰랐을까?

토끼풀꽃에 옮겨 앉는 벌이
그 곁의 뱀딸기가
토끼풀꽃이
알이라는 걸 왜 몰랐을까?

지구도 알이고
태양계도 타원으로 돈다는 것을,
바깥에 나가보지도 않고
우주가 태풍처럼 둥글다는 것을 의심하지 않은 이유를
왜 알아차리지 못했을까?

바람결에 히말라야시다의

춤사위가
영고(迎鼓)라는 걸 왜 몰랐을까?

바닥에 떨어져 말라붙은 찔레꽃잎이
알이라는 것을

왜 몰랐을까?
알이
환승 터미널이라는 것을

히말라야시다가
두루미처럼 회녹색 알을 품고 있다
창공(蒼空)인 듯
땅에 굳건히 뿌리를 박고 있다

나무가 사람을 낳던 때의
당골처럼

태풍도 때로는 어리숙하다

달이나 세수시키고 갔다

착해빠져서
육지에는 발도 올려놓지 못하고
파도를 시켜서
방파제나 몇번 때리고
갔다

그냥 가기는 서운해서
어미 손으로
싹 훔쳐낸 아이 얼굴처럼
달이나 세수시켜놓고 갔다

변비

햇살 좋다, 겨울산!

툭 트여서

쭈그려 앉아 똥 눌 데가 없다

| 해설 |

허기의 사랑, 떨림의 파문

최현식

  장철문의 새 시집 『식당 칸은 없다』에서 가장 아프면서도 가장 다행한 대목을 꼽는다면 망설임 없이 "출가하겠다는 아들을 뒤세워"('앞세워'가 아닌!) "삼겹살을 끊어다 구"워주며 "이거 묵고 그냥 살자"(「우동과 자전거」)고 애틋하게 호소했던 어머니의 목소리를 들겠다. 성(聖)에서 속(俗)으로의 하릴없는 미끄러짐을 뜻할 법한 '끊다'와 '굽다', 그리고 '먹다'는 어쩌면 시인으로 하여금 평생을 '허기의 주인'으로 떠돌면서 "낯선 도시의 공무원"(같은 시)으로 안착하는 모순율을 살게 한 결정적 요인이었음직하다. 과연 새 시집의 첫 장을 "아주 작은 씨방"을 가진, "겁먹은 내 심장을 닮"(「악의에게」)은 '악의'에 바치는 장면이나, 자전거 "바퀴를 굴려 우동을 먹으러"(「우동과 자전거」) 가는 소소한 일상을 영적·정신적 생명의 미충족(결핍)에 따른 '허기'의 탓으로 돌리는 모습에서는 해결할 길 없는 현실적 모순과 육체적 욕망의 저편을 향한 음전한 수행자의 구도적 몸짓과 신성성 지향이 어렴풋이, 그러나 속속들이 엿보인다.

어디 그뿐인가. 수행자로서 시적 화자는 성지순례의 참된 장소 "붓다의 다비장"에서 "청년 둘이 벤치에 앉아" 스마트폰으로 '야동'을 보며 "낄낄거리는"(「성지순례」) 모습을 당혹스러워하면서도 담담히 적어두고 있다. 이것은 먼저 붓다의 대오각성을 향한 방랑과 그 충만한 결실로서의 열반의 순간, 곧 거룩한 것이 드러나는 성현(聖顯)의 시간을 '지금 여기'에서 잠시라도 마주치고 싶다는 "목이 메는"(같은 시) 숭고한 욕망과 관련된다. 하지만 세속의 존재인 시적 화자는 음탕한 욕망으로 키득대는 "청년 둘"처럼 현실 속 '몸'과 '마음'의 "신음"에서 결코 자유롭지 못한, 아직 덜 각성한 자아이기도 하다. 이런 까닭에 구도자는 고통과 희열의 깨달음이나 다시 태어남의 입사식(入社式)을 멈추지 못하며, 자신을 끊임없이 정화함으로써 성스러운 순간을 마주하고자 하는 욕망을 포기하지 못한다.

물론 세속적인 동시에 숭고한 '허기진 욕망'에 대한 시인의 몇겹 시선은 '세계의 성화(聖化)'와 '거룩한 공간'을 '지금 여기'에 재차 실현하기 위한 '아득한 신'의 요청과 그에 대한 의지(依持/意志)의 소산만은 아니다. 종교학자 엘리아데에 따르면, '아득한 신'은 천공(天空)의 구조를 가진 최고의 존재자이다. 이 절대자는 자신의 주된 임무인 생명과 인간을 창조한 뒤 현실 저편의 하늘로 스스로 퇴각하여 "아득한 활동하지 않는 신"으로 물러앉은 뒤 우주와 자연, 그리고 인간 세계를 여유롭게 관조하는 일종의 '의도된 권태'에 빠져들곤 한다. 마음 편한 절대자의 권태는 그러나 적은 기쁨과 숱한 슬픔을 운명으로 하는 뭇 존재들에게는 끔찍한 비극일 수밖에 없다. 이를 미리, 그리고 충분히 짐작했던 '아득한 신'은 시인과 당신과 '나'에게 창조주로서의 신보다는 훨씬 가까운 거리에 있는 신화적 조상들, 어머니–여신들, 풍요와 사랑의 신들을 또다른 존엄한 대화와 갈구를 가능케 하는 성현자(聖顯者)로 마련해줄 줄 알았다.*

'아득한 신'의 양가성에 비출 때, 장철문의 『식당 칸은 없다』는 '아득한 신'을 세계와 존재의 다시없는 정점에 올려두고 그 절대자가 언제라도 마주치라고 이미 오래전에 준비해둔 우리 일상 안의 에피파니(epiphany, 顯現)에 대한 만남과 대화를 끊임없이 시도하고 구축하는 고통과 열락의 동시적 향연으로 읽힌다. 시인은 피할 길 없는 "궁핍과 피로 속에서" 모든 존재가 새기는 "어떤 형태와 색"(「작은 미술관을 나오며」)을 찾아 헤매고 가치화하는 일을 자기 삶과 언어의 우선순위로 삼고 있는 듯하다. 무엇보다도 "다시 태어나지 않는 것에 실패한다면"(「그 생에도 보리똥나무가 있을까?」)

---

* 멀치아 엘리아데 『성(聖)과 속(俗): 종교의 본질』, 이동하 옮김, 학민사 1983, 93면.

이라는 확신에 찬 선언이 시(詩)와 생(生)의 최후 명제로 버티고 서 있기 때문이다. 그 명제 아래서 시인은 "보리똥나무 가지를 흔들던/자디잔 웃음소리"를 "생의 식량으로 삼을 수 있을까?"(같은 시)라고 거듭 묻는다. 이 질문의 내부에는 성스러운 것의 숭고한 현현(顯現)과 그것의 시적 내면화를 간절히 바라는 '결핍(제한)된' 자로서의 시인, 아니 우리들의 궁극적 바람이 감춰져 있다. 시인은 이 바람을 '슬픔'과 '사랑'이 하나로 엮이고 섞이는 "떨림의 파문"이라고 일러두며, 그 '파문'을 소리로 꽉 찬 '방울' 같은 게 아니라 텅텅 "빈 거"(「방울벌레 울음소리를 물었다」)로 여며두기를 마다하지 않는다.

붓다의 가닿을 수 없이 아득한 '성현'은 흔히 베풂과 연민, 희생의 '자비'로 통용된다. 그런 점에서 자비는 단순히 신의 긍휼한 연민과 포용의 마음을 넘어선다. 모든 인간의 삶과 행위에 강력한 영향을 미치는 '모범적 모델'이자 신들을 모방하는 '근원적 시간'으로의 다가섬, 여기에 궁극적 진리로서 붓다의 존재성과 자비의 효용성이 존재한다. 이러한 보편적 상식에 근거한다면 「공양」 속 붓다의 모습은 왠지 낯설다. 그렇지만 어떤 면에서는 또다른 삶의 진수를 보여준다는 점에서 한계 지어진 존재로서의 인간 보편의 고뇌와 희원에 값한다. 붓다가 최후의 열반('빠리닙바나')에 들기까지 "수많은 날을 혼자 드셨다"는 것은 '지금 여기'의 인간으로서의 붓다가 단독자로서의 자기 자신을 회피하지 않고 직면하였음을 뜻한다. 하지만 붓다는 쉼 없는 실존적 고뇌에 대한 직면과 응시를 통해 '실존적 조건 지어짐'을 일순간에 돌파하고 넘어섰다. 어쩌면 시적 화자도 스스로 매일매일 '공양'에 나서 "흐릿하게 서 있"음으로써 슬픔 가진 '몸'과 '마음'을 다시 주시하고 거기서 새로운 삶의 가능성을 아주 조금이나마 엿보고자 하는 것인지도 모른다.

붓다께서도 깨닫기 전에 마을 소녀가 보시한 우유쌀죽을 혼자 드셨다. 첫 다섯 제자에게 갈 때도 혼자 드셨고, 빠리닙바나에 들 때까지 수많은 날을 혼자 드셨다.

수행자들이 마음을 가진 슬픔으로 와서 몸을 가진 슬픔으로 서 있다. 빛바랜 흑백사진처럼, 동작이 툭, 툭, 끊겨서 이어지는 옛날 활동사진처럼.

수행자들이 몸을 먹이려고 서 있다. 혼자 서 있다. 저마다 저에게서 혼자 서 있다. 흐릿하게 서 있다.

―「공양」부분

불가(佛家)의 공양은 불법승(佛法僧), 즉 붓다 자체와 붓다의 가르침, 그것을 알리고 수행하는 승려를 향한 삼보(三寶) 공양을 원칙으로 한다. 이 셋은 스스로 노동하지 않는 한 사바 대중들의 공양을 통해서만 진리를 깨닫고 보시를 수행

할 수 있는 성화된 존재들이다. 다시 말해 '충만한 결핍'과 '결핍된 충만'을 동시에 사는 유다른 자비의 존재들이다. 끼니마다 대중에게 손을 내미는 붓다와 수행자의 공양 행위가 윤리적이거나 정당화될 수 있는 이유는 그리 흔치 않다. 하나만 예로 든다면, 자신들을 포함하여 인간 존재라면 그 누구도 피할 수 없는 "마음을 가진 슬픔"을 위로하거나 벗어날 수 있도록 "몸을 가진 슬픔"을 먼저 잡도리해야 한다는, 먼저 깨달은 자의 윤리와 의무에 대한 존중 정도가 될 것이다.

그 윤리의 핵심은 "수락할 수 없는 것을 수락"(「발을 닦으며」)해야 하는 뼈저린 마음('가슴')에 감춰져 있다. 이 모순된 마음은 "소음은 하나도/건드리지 않고/어둠이 내려앉는"(같은 시) 완미한 타자성의 실현을 전제로 한다. 이 구절이 밥 먹는 두 손으로 붓다의 맨발을 감싸며 겸손과 존경의 마음을 바쳤던 제자 마하가섭의 이야기와 상통함은 물론이다. 그렇기에 그 무엇 하나 건드림 없이 '툭' 내려앉는 '어둠'은 그 자체로 희생적이며 텅 비어 있고, 그래서 더욱 충만하고 거룩한 것이다.

이 어둠의 '텅 빔'과 '꽉 참'의 모순적인 통합 원리는 표제작 「식당 칸은 없다」를 지배하는 원리의 하나이기도 하다. 서로 다른 '맛'들과 기차의 '칸'들은, 비 오기 전과 비 올 때와 비 온 뒤의 '섬진강'은, 먼저 생을 마감한 형의 작년과 올해 '제사'는 서로 고유하게 일어나고 사라진다. 그럼으로써 다시 사라지지 않고 거듭 만나는 눈물겨운 존재의 현현과 새로운 탄생의 영원함에 도달하는 역설적 지복을 문득 만나게 된다. 물론 개별적 시간을 넘어선다거나 물리적 생성이나 소멸에 침해되지 않는다는 영원성의 존재 양식은 당연히도 '아득한 신' 고유의 몫이자 영토에 귀속된다. 그러나 생의 결핍과 제한을 운명으로 사는 우리들은 '아득한 신'의 이 황홀한 계시에 몸과 마음, 서정과 언어를 맡김으로써 망외(望外)의 바람직한 진리를 움켜쥐게 된다. '죽음'을 포함한 상실과 부재가 삶의 끝이 아니라 또다른 '생성'을 포함한 충만과 지속의 영원한 시작임을 세계와 존재의 곳곳과 모든 현상에서 새로 발견하게 된다는 사실이 그것이다.

　둘레길 비탈에 서어나무 한그루가 검은 잎을 붙들고 새잎을 발행하지 못하고 있다. 비탈을 오르는 허벅지처럼 꿈틀거리던 둥치와 가지가 검게 젖고 있다. 숲은 아무 일 없는 듯 잦아드는 빗줄기 속에 오월의 새소리를 길어 올리고 있다. 새소리가 샘물처럼 사라지고 있다. 두 사람이 팔짱을 끼고 나뭇잎이 발행하는 빗소리에 귀를 두고 비탈을 오르고 있다. 둘 사이에서 일어나는 말소리가 빗소리 속에 사라지고 있다. 빗소리가 사라지고 있다.
―「숲」 전문

'사라짐'에 초점을 맞춘다면 "새소리" "빗소리" "말소리"는 서로의 존재성과 그 실현을 방해하는 부정적 적대자로

기록될 수밖에 없다. 그러나 그것들이 사라지는 현상의 곳곳에는 그것들이 피워내는 "새잎"과 "둥치"와 "가지"가, 또 남몰래 지켜보고 응원하는 '사랑의 팔짱'이 조용하게, 그러나 한껏 기지개를 켜고 있다. 아니나 다를까, 시인이 이곳의 '사라짐'을 또다른 '태어남'으로 예민하게 감각하고 있음을 우리는 온갖 새소리로 시끄러운 「숲은 고요하지 않다」에서 만나게 된다. 여기서는 "나는 내 할 일이 있고/새는 제 할 일이 있다"는 평범한 진리와 "땅에 붙박인 나무"들도 "필사적으로 가지를 뻗고 잎사귀를 넓"혀가는 근원적 생명 현상이 중요시된다. 그렇지만 이 모든 생명 현상은 저들 말고도 사람에게 이익이 되든 해악이 되든 제 본분과 염치대로 살아가는 "벌떼와 모기떼와 파리떼와 진드기"의 보금자리를 잊지 않는 우주적 조화로의 움직임이기에 그 가치와 의미가 더욱 빛난다.

이렇게 물어보자. 시인은 우주적 생명의 열림을 피워내는 저 숲의 활달한 '고요'와 묵직한 '소란'을 인간사 어디에서 탐문하거나 조우하고 있을까? 그것은 뜻밖에도 '임종'이라는 말로 표상되는 절대 허무의 사건, 즉 무애한 친밀과 애틋한 연민의 대명사로 불러도 좋을 '가족'이라는 피붙이들의 죽음이다. 시간상 어떤 죽음은 멀고 어떤 죽음은 가깝지만, 이 죽음의 공간에는 할머니와 아버지, 어머니, 형 들이 두런두런 동서(同棲)하고 있다. '슬픔(사랑)'과 '사랑(슬픔)'이 어찌해볼 수 없는 "떨림의 파문"으로 한꺼번에 몰아닥치는 사건으로 가족의 상실과 이별에 비견될 만한 것이 없다. 그래서 우리는 '제의'와 '애도'라는 고급 의식(儀式)을 발명하여 잘 이별하는 연습 못지않게 더 기억하고 깊이 의미화하는 훈련과 실천을 마다하지 않는다. 이때 보통 취해지는 양식이 죽은 신체나 영혼을 모시는 온갖 무덤들(매장이든 화장이든)을 제외한다면 절절한 눈물과 깊은 탄식, 한없는 그리움과 오랜 기억의 다짐으로 써내려간 비문 또는 묘비명일 것이다.

그러나 예외적이게도 장철문은, 특히 어머니의 가없는 사랑과 힘겨운 삶을 가장 물질적인 형식으로, 그래서 잘 이별하기보다 늘 '지금 여기'로 만나러 갈 수 있도록, 나아가 자기의 피와 살이 된 부모님이 "껌을 짝짝 씹으며" 당신들 삶의 처소를 매일매일 자유롭게 넘나들 수 있도록 "어머니의 본관과 이름이 박힌"(지금은 아버지의 것도 그러한) "섬돌" 옆에 "꾸지뽕 쓰레빠나 두어켤레 던져두"(「꾸지뽕 쓰레빠」)는 것으로 애도의 제의를 기꺼이 마친다. 당신들의 숱한 애환과 눈물을, 또 그보다 약간 적은 기쁨과 눈웃음을 실어 나른, 끈은 툭 끊어질 듯 얇고 밑창은 너덜너덜할 것이 틀림없는 "꾸지뽕 쓰레빠"는 단순히 가족의 끊을 수 없는 관계적 그물망을 구축하는 것만으로 제 역할을 끝내지 않는다.

아무려나 그 낡디낡은 "쓰레빠짝"은 이제 살아 있는 자들의 애도 대상인 '죽음 – 타자 – 나'들만을 '지금 여기'로 호명하기를 그친다. 대신 데리다가 말했듯이 이름과 언어, 성

별과 종차(種差), 인간과 동물 등의 차이, 아니 차별을 뛰어넘어 자신들의 존재를 부인당하는 약자들에게 "무차별적이고 무조건적으로 사회 안에 빼앗길 수 없는 자리/장소를 마련"해주는 '절대적 환대'의 운반자이자 매개체로 더욱 바삐 딸깍거린다.* 이 타자성의 순연한 환대는 매우 독특한 방식으로 수행된다. 봄에 눈이 녹을 때 속부터 서서히 녹는 것을 뜻하는 동사 '석다'(죽다)를 서로 다른 것들이 한데 모여 하나 됨을 뜻하는 동사 '섞다'(살다)로 형질 변환하는 방법이 그것이다. "눈"과 "벚꽃"과 우리의 "정신머리"가 "석어서"야, 다시 말해 깊은 속에서부터 모두 녹아 없어져야 "눈발과 꽃잎이 서로 몸을 섞"(「석다」)는, 다시 없을 언어와 육체와 영혼 간의 몸바꿈에서는 그 어떤 것도 소외되거나 쫓겨남 없는 수렴과 포용의 환대가 자연스럽게 실현된다.

> 나는 부추가 정구지의 표준어이고
> 어느 지방에서는 솔이라고도 한다는 것을 알고
> 하나의 대상에 여러 기호가 붙을 수 있다는 것을 알고,
> 할머니는 부추도 솔도 모르셨고
> 기호도 대상도 기표도 기의도 모르셨고,
> 정구지의 사계절을 아셨다
> 그 순과 뿌리와

* 김현경 『사람, 장소, 환대』, 문학과지성사 2015, 202~204면.

흰 꽃과 햇살과 오줌과 고랫재를 아셨다
—「늦은 임종」 부분

'표준어'는 같은 언중이라면 어느 누구와도 대화와 소통을 가능케 하는 보편적 합리성의 언어적 기제이다. 그러나 그것은 '보편'과 '용이'를 권력 삼아 "정구지"와 "솔"을 언젠가는 사전 속 단어나 되돌릴 수 없는 과거 및 특정 지역의 유물로 은폐하거나 전시할 기회를 노리는 폭력적 언어의 일종이기도 하다. 이에 반해 할머니의 사투리는 비록 사전적 개념과 지시적 의미에는 서툴지만 자연과 사물의 다른 이름을 알고, 그것들의 순환적 삶과 원초적 생명력, 이것들을 이끄는 우주적 원리를 온몸에 적고 읽을 줄 아는 진정한 생명의 문자였다. 이것은 할머니를 '아득한 신'이 파견한, 또는 속세 곳곳에서 우리 같은 무지렁이들을 살뜰히 보살피는 풍요와 사랑의 '어머니-여신들'이 낳은 어여쁜 딸로 비유해도 좋을 이유에 해당한다. 할머니와 어머니와 시인이 오래전 함께 누렸던 "그 어느 오뉴월 한낮"을 '지금 여기'의 풍경으로 되살려낸, 아니 다시 사는 「그 오뉴월 한나절」은 앞으로도 싱싱할 그곳으로의 귀환을 유혹하는 가장 풍요로운 '신체-집-우주'의 형상이라 할 만하다.

그립다는 말 참 하릴없는 말 그리고 또 그린다는 말 그리고 또 그리게 된다는 말 바위벽에 고래를 새기듯 동굴

벽에 검은 암소를 그리듯 긁고 파서 지울 수 없다는 말 아리아리 쓰리쓰리 아라리가 난다는 말 속절없는 말 놓아먹이는 말처럼 달리는 말 갈기를 날리며 치달리는 말 손놓고 쳐다볼 수밖에는 없는 말 구릉을 가로질러 숲으로 들어가는 말 가지에 쓸리고 가시에 찔리는 말 헐떡이는 말 지쳐 함께 걸을 수밖에는 없는 말 몸짓마다 살랑이는 말 잎새마다 설레는 말 벗은 발처럼 늦춰지는 말 가만가만 숨결에 오는 말 바라볼 수밖에는 도리 없는 말 턱, 둔덕을 내려서는 말 고개를 수그려 몸을 내려놓는 말 그린다는 말 글이라는 말 참 하릴없는 말

―「말」 전문

"그립다"거나 "그린다"라는 말이 무용한 까닭은 지시 대상에 대한 앎과 정보를 아무리 쏟아부어도 그 대상의 본질이나 전체성에서 끊임없이, 또 아득하게 미끄러지는 언어의 숙명적 한계 때문이 아니다. 그런 의미에서 저 "말"들은 이해의 대상도 해석의 몫도 아니다. 그냥 뒤 '섞인' 대로, 각자 노는 대로 놓아둠으로써 모든 것이 아스라이 녹아서 사라지는 '석다'라는 불모지, 바꿔 말해 비생명의 감옥에서 탈주토록 하거나 아예 그곳을 파탄 내도록 하는 게 최선의 비책이고 실천이다. 서로를 얽게 하는 '석다'에서 서로를 얽히게 하는 '섞다'로의 탈주는 생의 "막다른 곳"이나 "다른 길"(「동백」)로 내몰리는 최후의 순간, 이를테면

우리에게 넘길 수 없는 때가 있어서
서둘러
우리의 시간을 거기 두고 온 것처럼

끝이 올 거야

그 날카로운 것에
깊숙이 찔릴 때가 올 거야

―「동백」 부분

와 같은 '깊숙한 찔림'의 찰나를 지금 떨어져서 새로 태어나는 '역설적 생명'의 세계로 해방한다. 이로 말미암아 "어제는/없었고,/내일은 정전"인지라 오로지 "지금 뛰고 있"고 "지금 타고 있"는 순간적 영원의 세계로 추락(낙화)하는 "동백"은 생명 절정의 "흙의 심장"이자 대기에 붉게 노출된 "필라멘트"(「낙화 동백」)라는 상승과 활력의 존재로 거듭나게 된다.

 모든 것을 향해 제 '몸'과 '봄'을 열며 생의 "소용돌이"에 "입을 갖다" 대고 "냄새를 맡는"(「봄 내」) '섞다'의 호흡법은 시인이 물려받은 생애 최대의 유산이었다. "오줌동이 냄새" 진하게 풍기는 "부추"와 "얼갈이배추"를 내다 팔기 위해 시인을 리어카 뒤에 세웠던 할머니는 자꾸만 "옛 손자의 늦은 임종"(「늦은 임종」)을 받음으로써 '신체 – 집 – 우주'의 삶에 필요한 호흡법을 애면글면 가르칠 줄 아는 지혜의 소유자이자 실천가였다. 이 지점 어딘가에 제목의 역설미가 빛나는 「곁에 없고」의 일절 "빗소리에 돋아나는 잎사귀를/빗소리에 우려/빗소리에 내밀어 적시네"의 진정한 주인공이 할머니인 까닭과 한 곡조 '애도'의 노래가 대지에서 하늘의 뭇별처럼 빛나는 '어머니 – 여신들'에게 바치는 다성(多聲)의 찬가인 까닭이 함께 숨어 있다.

    나는 그에게 발소리를 들려주었다
    그의 무릎에 앉거나
    둘레를 거닐어도
    그늘은 줄지 않고
    바람은 바닥나지 않았다

    나는 서어나무를 가졌다
    그는 나의 것이 아니고
    나도 그의 것은 아니지만,
    서어나무가 나를 가졌다
    　　　　　　　　　—「서어나무에게 간다」 부분

 그러니 "서어나무"의 상징성이나 절대적 가치를 묻는 것도 아주 무용한 일이다. "서어나무"는 천상의 '붓다'이고

'어머니-여신들'이며, 세속의 '할머니'이고 '어머니'이다. 동시에 그 어떤 것도 아니다. '나'와 "서어나무"는 서로를 갖지만 또 서로의 소유를 부인함으로써 서로로부터, 아니 서로에게로 자유로워진다. 그 빛나는 연애의 순간을 시인은 "사람의 체취를 가진 호두나무와 안는 꿈을 꾸었다"(「호두나무 잎사귀가 있는 저녁」)라고 일렀으며, "너를 놓아준다//잘 가라,/나여"(「불어라, 바람」)라는 이별의 순간으로 명제화했다.

  시인은 이 '사랑'과 '이별'의 순간을, 또 '결속'과 '해방'의 찰나를 순환하는 몸바꿈의 서사로 객관화하기 위해 뜻밖의 모험을 감행 중이다. 그의 시에서 보기 드문 산문시의 실험이 그렇고, 천상의 가상인 '용'을 필두로 지상(자연)의 실재인 벌과 뱀딸기, 토끼풀꽃, 히말라야시다를 '알'로, 그리고 '알'을 그것들이 서로를 입고 벗는 "환승 터미널"(「알」)로 가치화하는 태도가 그렇다. 이것은 생과 사, 의미와 무의미 같은 기존의 '석은', 곧 깊은 내부가 어영부영 녹아내려 그 의미와 가치가 거의 텅 비어버린 판정과 관계없이 세상 모든 것을 동사 '섞다'의 그 많은 자식들로 등록하고 호출하기 위한 치밀한 전략의 일환이다. 그럼으로써 그 자신이 부재한다고 선언한 모든 식당 칸을 "순간의 생과 지나간 생과 다가올 생"을, 또 "한 생과 여러 생"을 자유롭게 풀어놓고 그것들이 서로를 향해 또는 서로를 벗어나 마음껏 "유영하고 뒤척이는"(「용이 알을 품을 때」) '신체-집-우주'로 재탄생시키려 한달까. 그것들의 자취를 바지런히 기록하는 시인의 미래를 담담히 지켜보는 일은 그래서 피할 수 없는 과제이다. 우리가 그토록 푸르른 '신체-집-우주'로 가장 빨리 입주할 수 있는 방법이 그 기다림의 관조 속에서 살짝 엿보일 것이기 때문이다.

崔賢植 | 문학평론가·인하대 교수

| 시인의 말 |

아직 시인이라는 것이 고맙다.

2025년 10월
장철문